# COURS

## DE

# LÉGISLATION INDUSTRIELLE.

## INTRODUCTION.

Discours prononcé à l'ouverture du Cours, le 9 janvier 1840,

## PAR M. L. WOLOWSKI,

Avocat à la Cour royale de Paris,
Professeur de législation industrielle au Conservatoire des arts et métiers.

## PARIS,

AU BUREAU DE LA REVUE DE LÉGISLATION
Et de Jurisprudence,
RUE DES BEAUX-ARTS, 9.

## 1840.

(Extrait de la *Revue de législation et de jurisprudence* (Deuxième série), tom. I, 2<sup>e</sup> livraison.)

Cosson, imprimeur de l'Académie royale d e médecine, rue Saint-Germain-des-Prés, 9.

# COURS

## DE

# LEGISLATION INDUSTRIELLE.

## INTRODUCTION.

MESSIEURS,

Les principes de liberté et d'égalité, proclamés par la révolution française, n'ont pas exercé une moindre influence sur
la richesse que sur la force et la dignité nationales. L'émancipation du travail est en droit de révendiquer, comme son œuvre, les immenses progrès industriels dont nous sommes les
témoins. La production s'est accrue, parce qu'elle a été libre
d'entraves, parce que la consommation a rencontré un plus
large et plus sûr débouché dans les masses appelées à la vie
civile et aux jouissances de la civilisation. Et, hâtons-nous de
le dire, nous ne sommes qu'au début de la carrière, nous n'a-
vons pas encore tiré toutes les conséquences du grand principe, base de notre organisation sociale. L'amélioration morale et matérielle du sort, non pas seulement du plus grand
nombre, mais de tous les citoyens, tel est le but généreux
qu'il nous est permis de poursuivre et d'atteindre, sans bou-
leversement, sans révolutions nouvelles, par le seul empire
de nos institutions libérales, franchement acceptées, sagement
et graduellement améliorées.

Cette conviction nous fait aborder avec courage la tâche
périlleuse qui nous est dévolue. En retraçant les règles,
en déduisant les applications, en signalant les lacunes, en
essayant d'indiquer les solutions nouvelles de la *législation*

*industrielle*, nous espérons contribuer, pour notre faible part, au travail pacifique qui s'accomplit aujourd'hui au sein de la société, à l'œuvre de progrès dont le point de départ est dans l'unité de pouvoir et dans l'égalité civile, ces deux pivots caractéristiques de la nationalité française.

La révolution politique opérée par le grand mouvement de 1789, dont celui de 1830 a été en quelque sorte la consécration définitive, la révolution politique, disons-nous, est close ; nous commençons à en recueillir les fruits. La diffusion de la richesse morale et matérielle, les nobles découvertes du génie, qui affranchissent l'humanité des labeurs les plus rudes, et réveillent l'action de l'intelligence, une part plus égale de bien-être dévolue à chacun des membres de la grande famille, nous font espérer que l'œuvre, déjà bien avancée, de la transformation économique de la société, né tardera pas à prendre tout son développement.

Les faits économiques marchent ; les rapports de l'homme avec le monde extérieur augmentent et se multiplient ; l'industrie prend un rapide essor. Faut-il donc s'étonner si, dans cette époque de transition, le jeu mal éprouvé de rouages nouveaux produit un frottement pénible et des tiraillemens funestes ? Faut-il s'en étonner surtout alors que l'on songe aux imperfections, aux lacunes nombreuses des lois qui règlent et protégent la liberté de l'industrie ?

Ces imperfections, ces lacunes, gardons-nous de les imputer à la négligence des immortels auteurs de notre législation civile. Le législateur ne peut que suivre les faits sociaux ; il ne saurait les devancer sans péril ; le Gode, magnifique formule des conquêtes de la révolution, s'est appliqué avec une sagesse admirable à poser les bases du nouvel ordre des choses en s'appuyant sur la *propriété* et la *famille*, pierres angulaires de toute société. Il est, pour emprunter les expressions d'un savant illustre, M. *Rossi*, le symbole de la religion nouvelle que la France a eu mission de révéler au monde civilisé ; l'expression vraie, complète des principes fondamentaux de notre ordre social : l'équité dans la famille, l'égalité civile dans l'état.

« Le législateur n'a été au dessous de sa tâche, ajouté M. Rossi, que quand il s'est trouvé aux prises avec les principes des sciences économiques, lorsque les prévisions auraient dû embrasser dans toute l'étendue et la variété de ses rapports, le double phénomène de la formation et de la distribution de la richesse nationale, lorsque la loi civile aurait dû réfléchir avec une exactitude scrupuleuse l'image mobile des faits économiques de la société. »

Mais pour les régler, il aurait fallu les connaître, et l'industrie n'a pris son développement que depuis la promulgation de nos Codes. Ceux-ci, sous le rapport matériel, se préoccupent trop exclusivement de la richesse immobilière, la plus importante alors, mais que la richesse mobilière tend à déborder aujourd'hui. Peut-être aussi leurs auteurs ont-ils trop sacrifié à leurs souvenirs ; car, cherchant dans les lois romaines les principes éternels du droit, ils ont quelquefois taillé les règles nouvelles sur le patron d'anciens intérêts, profondément modifiés par les progrès de la civilisation et de l'industrie.

Ce désaccord, déjà appréciable dans l'origine, a pris depuis un caractère bien plus tranché. D'après le type romain, Napoléon et son conseil d'état nous ont donné une législation où tout est sacrifié à la propriété territoriale (1) ; l'industrie et le commerce y réclament un rang proportionné à leur importance actuelle.

Le travail libre, cette manifestation des droits les plus sa-

______
(1) *Michel Chevalier*, lettres sur l'Amérique.

4

crés de la nature humaine, demande aussi des institutions
auxiliaires, complémentaires, qui, sans l'altérer dans son
essence, aplanissent les difficultés contre lesquelles il vient
se heurter sans cesse.

Une étude qui mérite bien le nom de science depuis que,
marchant dans la voie ouverte par Turgot et Adam Smith,
Ricardo, Malthus, J.-B. Say, Storch, MM. Charles Dupin, de
Sismondi, Rossi, Michel Chevalier, et notre spirituel et savant
collègue M. Blanqui, lui ont consacré leurs méditations, l'économie politique contribuera puissamment à guider le législateur dans cette œuvre ardue. Jusqu'ici l'histoire et la philosophie avaient été les sources principales auxquelles il pui-
sait la vérité ; désormais une source non moins abondante lui
prodiguera des enseignemens fructueux ; c'est la science qui
apprend comment se forment, se distribuent et se consomment
les richesses.

Une parole élégante, animée, pittoresque, vous a initiés,
messieurs, à cette étude pleine d'attraits, riche de leçons,
féconde en solutions pour les intérêts les plus chers de la société. L'économie politique ne manque cependant pas de détrac-
teurs ; des esprits prévenus ont pris les incertitudes inévitables
de l'élaboration, pour une marque d'impuissance ; s'arrêtant à
l'écorce de la science, ils en ont nié la profondeur. Qu'il
nous soit permis d'espérer que dans la suite de nos travaux
nous pourrons ajouter quelques preuves, à celles que
M. Blanqui vous a si souvent fournies, de l'importance
usuelle de pareilles investigations.

La *législation industrielle* est en quelque sorte la formule
pratique des résultats auxquels aboutissent les recherches
abstraites de l'économie politique. Si celle-ci enseigne d'une
manière absolue, comment se produisent les richesses, celle-
là déduit de ces prémisses les règles d'application ; elle s'atta-

5

che à protéger, à favoriser l'union intime du travail, du capital et des agens naturels ; à lui garantir les meilleures conditions d'accomplissement, selon le milieu dans lequel les facultés de l'homme sont appelées à se mouvoir.

Car le législateur doit tenir compte de toutes les circonstances ; il n'opère pas dans le vide. Arrivées au creuset de la réalité, les théories perdent nécessairement leur caractère absolu ; elle pactisent avec les faits, elles se subordonnent aux exigences de la politique , comme aux inspirations plus hautes de la morale et de la philosophie. Toutes les sciences, tous les enseignemens de la pensée et de l'expérience , convergent vers ce point, où se formule la règle de conduite tracée à l'action du citoyen par la volonté éclairée du législateur. Aussi la définition ambitieuse d'Ulpien , qui nomme la jurisprudence : *la connaissance des choses divines et humaines*, accuse-t-elle plutôt l'impuissance de l'esprit de l'homme, incapable de tout embrasser, que la logique du célèbre jurisconsulte romain.

Dans le vaste champ de la législation , qui s'étend sur toutes les relations de peuple à peuple, de citoyen à gouvernement, et de citoyen à citoyen, nous n'aurons à explorer que la partie relative à la production de la richesse par le travail intellectuel et physique de l'homme. Les lois civiles règlent les rapports de la famille, la transmission des biens héréditaire ou volontaire , et l'effet des conventions; les lois pénales sanctionnent l'ordre et la sécurité publique et privée; les lois administratives entretiennent le jeu régulier de tous les rouages du gouvernement ; les lois commerciales ont pour objet d'opérer ou de faciliter les échanges des produits de la nature ou de l'industrie ; enfin les lois *industrielles*, proprement dites, saisissent le fait même de la production, de l'appropriation des matières premières aux besoins de l'homme.

Ce simple énoncé suffit pour faire comprendre que, dans cette dernière branche de la science législative, plus que partout ailleurs, les ingénieuses et instructives doctrines des économistes sont appelées à jouer un rôle éminent.

Il m'arrivera donc souvent, messieurs, de recourir aux notions si habilement développées dans cette chaire par le professeur d'économie industrielle ; heureux si je parviens à les résumer d'une manière complète et fidèle, quand elles devront me guider dans l'explication des lois positives.

L'activité humaine pour se développer demande la plus grande sécurité pour les fruits du travail ; elle demande aussi la plus grande liberté d'action. Assurer à chacun la libre jouissance de ce qui lui appartient, au moyen de lois simples dans leur principe, faciles dans leur application, telle doit être la première préoccupation de l'homme d'état.

Et quelle est donc la propriété qui mériterait plus de sollicitude que le travail de l'homme ? Celle-là emprunte un caractère plus noble, plus élevé à la dignité même de la nature humaine.

Cependant des dispositions bizarres, tyranniques ont trop long-temps opprimé cette classe de citoyens, qui, n'ayant de propriété que leur travail et leur industrie, ont d'autant plus le besoin et le droit d'employer, dans toute leur étendue, les seules ressources qu'ils possèdent pour subsister.

Écoutons Turgot, ce ministre homme de bien, qui essaya de prévenir la révolution, en procurant au peuple, sans commotion violente, quelques uns des droits qu'il lui a fallu conquérir au prix des plus cruels sacrifices, mais qu'il a conquis sans retour. Dans le préambule du mémorable édit de février 1776, édit enregistré en lit de justice ( sur l'opposition intéressée du parlement de Paris ) ce glorieux représentant des économistes, s'exprimait en ces termes :

« Dieu, en donnant à l'homme des besoins, en lui rendant nécessaire la ressource du travail, a fait du droit de travailler la propriété de tout homme, et cette propriété est la première, la plus sacrée, la plus imprescriptible de toutes.

» Nous regardons comme un des premiers devoirs de notre justice, et comme un des actes les plus dignes de notre bienfaisance, d'affranchir nos sujets de toutes les atteintes portées à ce droit inaliénable de l'humanité. Nous voulons, en conséquence, abroger ces institutions arbitraires, qui ne permettent pas à l'indigent de vivre de son travail, qui repoussent un sexe à qui sa faiblesse a donné plus de besoins et moins de ressources, et semblent, en le condamnant à une misère inévitable, seconder la séduction et la débauche; qui éloignent l'émulation de l'industrie, et rendent inutiles les talens de ceux que les circonstances excluent de l'entrée d'une communauté; qui privent l'état et les arts de toutes les lumières que les étrangers y apporteraient; qui retardent le progrès des arts par les petites difficultés multipliées que rencontrent les inventeurs, auxquels différentes communautés disputent le droit d'exécuter des découvertes qu'elles n'ont point faites; qui, par les frais immenses que les artisans sont obligés de payer pour acquérir la faculté de travailler, par les exactions de toutes espèces qu'ils essuient, par les saisies multipliées pour de prétendues contraventions, par les dépenses et les dissipations de tout genre, qu'occasionent entre toutes ces communautés leurs prétentions respectives sur l'étendue de leurs priviléges exclusifs, surchargent l'industrie d'un impôt énorme, onéreux aux sujets, sans aucun fruit pour l'état; qui, enfin, par la facilité qu'elle donne aux membres des communautés de se liguer entre eux, de forcer les plus pauvres à subir la loi des riches, deviennent un instrument de monopole, et favorisent des manœuvres dont l'effet est de hausser, au dessus de leur proportion naturelle, les denrées les plus nécessaires à la subsistance du peuple..... »

Nous n'avons pu résister au désir de vous rappeler, après la définition si grande, si belle du *droit au travail*, possédé par chaque individu, ces paroles sévères, mais justes, par lesquelles Turgot stigmatisait un des abus les plus odieux de l'ancien régime. Il échoua dans sa généreuse tentative ; mais comme l'a dit Benjamin-Constant, le triomphe des idées utiles n'est jamais qu'une question de date, et 1789 ne tarda pas à donner raison au réformateur de 1776.

Le principe de la liberté du travail, inscrit au frontispice de nos lois industrielles, a cependant, tout récemment encore, rencontré d'ardens adversaires. S'il ne s'agissait que de ces débris du passé, se survivant à eux-mêmes, et auxquels une rude expérience n'a pu rien apprendre ni rien faire oublier, nous croirions ne pas devoir nous arrêter plus long-temps à ce vain débat ; nous passerions outre au développement des institutions, qui correspondent au principe proclamé par Turgot. Mais ce sont des hommes jeunes, à idées hardies, généreuses qui se mettent en avant, qui, s'abusant sans doute eux-mêmes sur les résultats de ces vieilles idées, et sur le caractère véritable, sérieux des institutions modernes, prouvent qu'ils peuvent avoir d'excellentes intentions, mais qu'ils manquent complétement de mémoire. Il ne faut pas, comme on l'a dit avec bonheur, en vertu des lois du progrès social, nous reconduire au moyen-âge (1).

A nos yeux aussi une organisation du travail est nécessaire ; je dirai même plus, ou je m'abuse fort, ou nous y marchons chaque jour. Mais cette organisation n'aura rien de commun avec des institutions surannées, balayées à tout jamais par la tempête révolutionnaire ; elle n'aura rien d'exclusif, rien de

(1) *Vincens*, de l'organisation industrielle.

fractionné ; elle sera le produit spontané de la liberté. C'est au moyen de lois sagement tutélaires et de communications fréquentes, entre le pouvoir central et la représentation sérieuse des intérêts du commerce et de l'industrie ; c'est au moyen de l'instruction, largement répartie, par des instituteurs, fiers de l'habileté de leurs élèves, et non par la main avare des maîtres, jaloux des progrès de leurs apprentis ; c'est au moyen des sociétés de secours mutuels, des caisses d'épargnes, des assurances, en un mot, au moyen du capital moral et intellectuel, de l'esprit de prévoyance, et surtout de l'esprit d'association, que les problèmes les plus périlleux de l'époque actuelle se trouveront sans doute résolus. Point d'institutions factices, dont la présence ne sert qu'à gêner le développement des facultés individuelles, point de lisières pour l'homme qui aspire à marcher dans sa force et dans sa liberté !

Les corporations ont eu leur raison d'être dans l'histoire ; elles ont protégé les travailleurs quand la puissance publique était insuffisante pour les garantir ; plus tard, elles ont servi d'arme à la monarchie contre la féodalité nobiliaire ; enfin, le fisc les a exploitées comme une mine d'or pesant sur elles de toute sa rigueur, tandis qu'elles pesaient sur le peuple ! Trois mots formulent fidèlement les trois périodes de leur existence ; née comme instrument de travail, la réunion en corps d'état se transforma bientôt en instrument politique, pour finir par n'être qu'un instrument fiscal.

Aujourd'hui, l'unité nationale repousse l'étroit esprit de corporation, autant que le moyen-âge le suscitait ; il n'y a plus de féodalité nobiliaire à combattre au moyen d'une sorte de féodalité industrielle, et le travail libre fournit d'assez abondantes ressources au gouvernement pour qu'un trésor besogneux n'ait plus recours aux expédiens de la fiscalité.

Les communautés d'arts et métiers et les vénérables *six-*

*corps*, sous quelque nom qu'on veuille les déguiser, quelque innocente apparence qu'on leur prête, ne ressusciteront plus; car l'utilité manque à ce retour vers le passé. Les nouvelles tentatives de ce genre échoueront devant un examen attentif et impartial, comme elles ont déjà échoué sous l'Empire et la Restauration. Un des hommes dont la persévérante opposition a grandement contribué à réprimer des essais téméraires, c'est l'honorable M. Vincens, conseiller d'état et chef de la division du commerce, tout étonné de voir renaître à la fin de sa carrière les doctrines dont les économistes, et lui-même tout le premier, avaient fait justice depuis un demi-siècle.

Si l'histoire ne fournit point, pour la législation industrielle, une mine aussi riche que pour les autres branches du droit, car les lois qui régissent le travail libre sont, pour ainsi dire, nées sous nos yeux, et n'ont pas d'ancêtres, cette étude peut au moins nous préserver de graves erreurs, et cet enseignement *négatif* a bien aussi son prix. L'organisation et les vicissitudes légales de l'industrie, avant la révolution, sont trop ignorées; nous les retracerons dans la suite de notre exposition.

Loin d'entraver l'accès des professions utiles par des restrictions arbitraires, la société devrait s'attacher, avant tout, à faciliter une occupation suffisante de tous les citoyens. Là se trouve la véritable difficulté de l'époque, le plus grave problème à résoudre.

La première, la plus féconde de toutes les propriétés est le travail de l'homme. Quand celui-ci est condamné à un repos involontaire, quand l'occupation manque au bras qui ne demande qu'à fonctionner, à l'intelligence qui ne demande qu'à se mouvoir, il y a perte de produit, perte de richesse commune. En laissant même de côté le devoir de subvenir à l'existence de tous les membres de la société, en ne prenant que l'intérêt seul pour guide, on arrive invinciblement à cette conséquence : la cessation forcée du travail individuel est une cause de ruine pour l'État. Et lorsqu'on admire la résignation de ces ouvriers généreux qui se condamnent à n'user que pendant six heures de la puissance de travail que Dieu leur a répartie pour douze ou quatorze heures, afin de permettre à d'autres d'exercer également pendant six heures leurs facultés productives, si nous sentons du respect, de l'admiration pour les hommes capables d'un tel acte de dé-vouement, nous sommes saisis de douleur et d'effroi en voyant des publicistes distingués accepter comme une néces-sité de l'ordre social une aussi cruelle anomalie.

Comment! Dieu a donné à l'homme le besoin et la faculté de créer des produits pour satisfaire à ce besoin ; l'homme, obéissant aux décrets de la Providence, ne recule point de-vant le labeur, et c'est le labeur qui lui manque. Comment! ces centaines d'individus, qui, réunis et bien dirigés, suffiraient peut-être pour se créer mutuellement de quoi satisfaire aux conditions de leur existence, restent inoccupés et demandent à la charité publique une subsistance qui pourrait découler de leurs bras, si leurs bras trouvaient de l'emploi ! Rien n'est plus funeste que cette interdiction qui pèse, par momens, sur les facultés productives. Soigneux du capital national, employons tous nos efforts à ne pas en gaspiller l'élément le plus puis-sant. Quand les bras chôment, la source de la richesse se tarit ; et comme un sentiment de fraternité, de pitié, qui, disons-le à l'honneur de la nature humaine, ne nous aban-donne jamais, nous commande d'arracher nos semblables aux angoisses de la faim, nous prenons sur notre part pour les nourrir, les soulager. Une direction intelligente leur per-mettrait de devenir utiles à eux-mêmes et à tous, au lieu de créer pour la société une charge et un danger. Ce qu'ils n'obtiennent pas en instrumens de travail, il faudra le leur fournir en secours, en frais d'hôpital, enfin en dépenses de prison, car le besoin pousse au délit et au crime ! Et ces avances stériles, autrement employées, ne seraient-elles pas la source d'une augmentation de richesse et de puissance nationale ?

Nous le savons, le mal, au lieu d'augmenter, semble au contraire diminuer d'intensité ; mais il existe encore, tout doit être mis en œuvre pour le prévenir.

Ce n'est pas que nous appellions hors de propos l'intervention directe du gouvernement. Le pouvoir ne doit pas être le *Deus ex machina* de la tragédie antique, chargé, quoi qu'il arrive, de couper le nœud gordien, qu'on négligerait de délier. Nous sommes loin, d'un autre côté, de repousser cette intervention d'une manière absolue ; il est des cas où elle est utile, nécessaire ; mais le rôle de l'autorité peut être immense dans œuvre de la production, bien que borné à une action indirecte.

C'est le gouvernement qui encourage le travail, en faisant régner l'ordre, en assurant à chacun bonne et prompte justice. C'est lui qui doit intervenir par de bonnes lois, pour faciliter la production et l'équitable distribution des richesses.

Les instrumens de travail manquent, les petites réserves ne trouvent pas de placement solide pour se transformer successivement en capitaux actifs.—Il crée les caisses d'épargnes.

Les forces individuelles sont insuffisantes. Il encourage, ou du moins il devrait encourager l'esprit d'association.

Les tempêtes soudaines du commerce, les brusques variations du marché, les sinistres imprévus, troublent la marche régulière de la production. Qu'il propage un bon système d'assurances.

Par les voies de communication, il rapproche les distances, et ouvre de nouveaux débouchés, en créant de nouveaux consommateurs. Par l'unité des poids et mesures, l'unité du signe monétaire, il facilite les échanges ; par les institutions de crédit il met les instrumens de travail à la disposition des travailleurs, et diminue le loyer des capitaux.

Enfin il peut assurer le travail, en assurant la capacité industrielle, au moyen d'une instruction libéralement dispensée à tous les citoyens. Celle-ci est d'autant plus nécessaire aujourd'hui pour tenir l'intelligence en éveil, que la division du travail poussée à l'excès, énerve les facultés de l'esprit.

Mais, nous dira-t-on, la production nous déborde déjà, il y a danger à l'accroître encore ! Pourquoi donc la production nous déborde-t-elle, même dans l'état normal des choses, en laissant de côté les désastreuses fluctuations du commerce extérieur ? C'est parce qu'il n'y a pas assez de consommateurs. Non qu'il manque d'hommes qui ont faim, qui ont froid, qui sont nuds, qui végètent à peine, exposés à toute l'horreur du besoin, et le champ de la production ne serait jamais trop fécond, si la civilisation et l'aisance plus généralement répandues, permettaient au plus grand nombre, des jouissances qui lui sont encore interdites aujourd'hui. C'est donc à un accroissement de la richesse commune qu'il faut parvenir. Et le moyen n'est pas ce moyen brutal, odieux, qui consisterait à ôter aux uns pour distribuer aux autres, moyen qui n'aboutirait en définitive qu'à créer une misère plus générale et plus rude. Le remède, grâces à Dieu, est plus noble et plus consolant, il est dans les classes ouvrières elles-mêmes ; plus elles acquerront de lumières, d'esprit d'ordre et de prévoyance, et plus elles monteront sur l'échelle sociale. Que d'injustes déclamations ne nous aveuglent point ; cette marche ascendante de la portion la plus notable de la nation, elle s'accomplit déjà sous nos yeux. Les recherches consciencieuses des hommes tels que l'honorable docteur Villermé, le prouvent jusqu'à l'évidence ; les ouvriers sont mieux logés, mieux nourris, mieux vêtus que par le passé. A Dieu ne plaise que nous prérendions donner cet état de choses comme le dernier mot de l'humanité ; mais le progrès existe, nous le constatons surtout en le regardant comme le gage d'un meilleur avenir.

Cet avenir est possible chez nous, où l'égalité civile pose une base large et suffisante pour les améliorations graduelles, où la division des fortunes est une garantie d'ordre et un instrument de prospérité.

On se plaint de la *libre concurrence ;* nous regardons ce principe comme un bien immense, car nous le jugeons d'après les effets naturels, permanens, et non d'après les abus passagers auxquels il a malheureusement donné naissance. La libre concurrence doit engendrer, entretenir l'émulation, mais non dégénérer en lutte aveugle, en guerre intestine, également désastreuses pour le vainqueur et pour le vaincu. Parce que nos premiers pas dans la voie de la liberté sont mal assurés, n'en accusons point la liberté, mais nous-mêmes ; ne nous insurgeons point contre un principe dont nous avons faussé l'application ; puisons seulement dans la triste expérience du passé des leçons pour l'avenir. Gardons-nous surtout de sacrifier à une capricieuse impatience ; fonder un nouvel état économique, n'est pas l'œuvre d'un jour, mais aussi le temps ne respecte que ce qu'il fonde.

Nous verrons plus tard s'il n'y aurait pas manière de parer aux fraudes, aux déceptions produites par les abus d'une concurrence anarchique ou frauduleuse. En tout cas, ce n'est jamais à des moyens *préventifs* que nous aurions recours ; la libre création des produits, comme la libre émission de la pensée, doit être assurée à tout citoyen, sauf le contrôle de la société. C'est dire assez que nous repoussons le régime gothique et absurde des *règlemens.*

« Celui qui se défie de sa main et de son adresse (dit *Forbonnais* dans ses Recherches et considérations sur les finances

15

de France) ne peut lire un *règlement* sans frémir : sa première
pensée est que l'on est plus heureux en ne travaillant pas
qu'en travaillant. Si par malheur le règlement est impratica-
ble, comme cela s'est vu quelquefois, l'ouvrier se dégoûte....
On demande à tout homme de bonne foi s'il serait bien invité
à une profession en lui disant : *Si vos ouvrages ne sont pas
faits conformément aux règlemens, pour la première fois, ils
seront confisqués et attachés à un poteau avec un carcan, votre
nom au dessus, pendant deux fois vingt-quatre heures ; pour la
seconde fois, pareille peine, et vous serez blâmé ; pour la troi-
sième fois, vous y serez attaché vous-même ?* On répondrait
que cette loi est sans doute traduite du Japonnais : non, c'est
le dispositif d'un règlement de 1670. »

La sévérité de pareilles peines prouve seulement une chose,
c'est l'inobservation des *règlemens.*

Nous reprendrons cette question des *règlemens,* ainsi que
celle des *corporations.* Qu'on nous pardonne de les avoir en-
tamées incidemment. Notre législation industrielle repose sur
le principe de la liberté du travail ; les exceptions mêmes,
diversement motivées, ne font que confirmer la règle. Il fallait donc d'abord la défendre contre des attaques occasionées
surtout par une funeste confusion entre le principe et l'abus
qu'on a fait du principe.

La liberté n'est pas la licence ; elle se soumet sans peine à
une règle logique volontairement acceptée, mais elle repousse
le joug. L'organisation industrielle s'établira d'elle-même avec
le temps, sous l'empire de lois sages et tutélaires.

C'est par de bonnes lois que le gouvernement peut le plus
avantageusement agir sur la production et la distribution de la
richesse ; c'est en perfectionnant, en complétant les diverses
parties du Code industriel, qu'il introduira l'ordre et fera
régner la prospérité parmi les travailleurs.

En thèse générale, l'autorité ne doit point contraindre, mais conseiller ; commander, mais aider à faire ; absorber l'activité individuelle, mais la développer.

Entendu ainsi, le fameux *laissez faire*, *laissez passer* des physiocrates, rencontre toujours son application.

Laissez faire tout ce qui n'est pas contraire au but de la société, laissez passer toute manifestation spontanée de la liberté humaine, mais en même temps agissez sur l'intelligence, assurez l'équité dans les transactions, cette équité qui, suivant l'heureuse expression d'un illustre jurisconsulte, M. Troplong, est indigène dans notre Code ; empêchez les dissensions funestes entre l'entrepreneur et l'ouvrier, au moyen d'une justice prompte, paternelle, économique.

Mais si par *laissez faire* et *laissez passer* on voulait entendre une coupable indifférence de la part du gouvernement, une commode abstension de tout travail protecteur, une cruelle tolérance pour l'exploitation d'une partie de la société, par une autre partie, oh ! alors nous repousserions de toute la force de notre conscience une maxime aussi funeste.

Choisissons un exemple, il fera mieux comprendre notre pensée.

C'est sur l'enfance que repose l'espoir de la société ; pour avoir des hommes forts, intelligens, moraux, c'est de l'enfance qu'il faut s'occuper avant tout. Eh bien ! si par une cupidité effrénée, on pressure, on écrase à force de travail ces constitutions juvéniles, qui ont besoin d'air pour se développer, ces esprits qui aspirent à la lumière de la pensée, on portera une atteinte funeste au capital moral de la nation, on arrivera à produire une population étiolée, rabougrie, sans énergie contre le mal, sans intelligence pour le bien. Supposons que ce vice social existe, faudra-t-il que, par un respect superstitieux pour la liberté du travail, le gouvernement tolère cette véritable *traité des blancs*, signalée récemment avec courage par un écrivain habile, M. *Léon Faucher*.

Le mal n'est pas poussé aussi loin en France qu'il l'a été en Angleterre; mais n'oublions pas que nos campagnes sont encore bien plus peuplées que nos villes, et n'attendons pas la transformation plus complète de la famille agricole en famille manufacturière, pour appliquer le remède. Profitons surtout de cette honorable initiative des entrepreneurs d'industrie, qui sollicitent eux-mêmes une règle légale, pour mettre un terme aux abus de certains fabricans peu scrupuleux sur les moyens d'entretenir une fausse concurrence. L'homme n'est pas une machine, il n'est pas permis d'en abuser, et l'état est le tuteur naturel des incapables.

Le travail libre, avons-nous dit, est le principe fondamental de l'industrie moderne. Pour le traduire en fait, il a fallu tracer des règles précises sur les rapports entre maîtres et ouvriers, rapports nouveaux créés par la révolution française. Les mesures répressives furent appliquées là où les mesures préventives faisaient défaut. Basée sur la concurrence véritable et libre, l'industrie fut protégée contre les écarts d'une concurrence frauduleuse. Les *coalitions* entre maîtres et entre ouvriers, pour faire baisser ou hausser abusivement les salaires, les manœuvres pratiquées dans le but de modifier les prix naturels du marché, furent prohibées et punies par la loi pénale.

La loi du 22 germinal an XI, relative aux manufactures, fabriques et ateliers, et les réglemens sur les livrets d'ouvriers, s'occupèrent de déterminer les relations des entrepreneurs et des salariés.

Enfin, une magistrature domestique fut destinée à concilier et à juger les différends entre maîtres et ouvriers; ce sont les *conseils des prud'hommes*.

Nous nous attacherons à expliquer avec détail les règles relatives à l'organisation de la fabrique. Elles sont généralement mal connues et mal observées. Nous insisterons particulièrement sur les *conseils des prud'hommes* dont on sait à peine l'existence en dehors des villes où ils sont spécialement établis. Juridiction éminemment tutélaire, éminemment propre à ramener l'industrie dans une voie meilleure ; c'est là un des anneaux les plus précieux de l'organisation future. Aussi apprenons-nous avec une vive satisfaction qu'une commission s'occupe en ce moment au ministère du commerce, d'adapter cette institution aux exigences de la capitale. Une fois les prud'hommes établis à Paris, ils ne tarderont pas à se généraliser dans toute la France.

Le gouvernement, s'il intervient peu d'une manière directe dans la fabrication, n'abdique pas une influence légitime, pour faire entrer et maintenir la production dans une bonne voie. Il y parvient par *des encouragemens directs*, tels que l'exposition des produits de l'industrie, *l'exposition permanente* des meilleurs modèles nationaux et étrangers (Descartes eut la première pensée d'un musée de machines), *l'extension de l'enseignement industriel.*

Quand le législateur révolutionnaire eut ouvert toutes les carrières à tous les citoyens, il comprit qu'il ne parviendrait à obtenir un travail régulier et fructueux qu'en activant le labeur de l'intelligence. Il fallait alors faire face à l'Europe coalisée ; le comité du salut public savait combien l'étude ajoute aux forces natives de l'homme, il résolut de faire appel à la science.

Le gouvernement songea donc à former une grande école nationale, qui fournît aux hommes capables envoyés par les départemens une instruction solide et variée. La fondation des écoles normales eut un but politique ; c'était de populariser les connaissances indispensables pour traiter le salpêtre, le fer, le cuivre, diriger de grandes exploitations, et fabriquer des armes et des vêtemens pour les défenseurs de la patrie.

Une députation scientifique de huit cents jeunes instituteurs vint à Paris suivre les cours de *Lagrange* et *Laplace* pour les mathématiques ; de Fourcroy et Haüy pour la physique et la chimie. Leur enseignement, qualifié de *révolutionnaire*, ne tarda pas à réaliser une des plus nobles pensées de l'époque. Quelques mois leur suffirent pour poser d'une manière nette des principes féconds, pour propager des connaissances précieuses.

Mais il ne s'agissait pas simplement de parer aux besoins du moment. L'enseignement industriel devait former un système, et non fournir un expédient. Aux écoles normales, succéda l'école des travaux publics, et puis l'école polytechnique. Le conservatoire des arts et métiers fut également créé, d'abord comme dépôt des machines, ensuite comme véritable *faculté industrielle*, dont les colléges se trouvent formés sous le nom d'écoles d'arts et métiers. Une forte impulsion sera, n'en doutons pas, donnée par l'initiative éclairée de l'autorité à cette branche de l'enseignement.

Le gouvernement influe sur l'industrie *par des moyens de garantie*. L'unité des poids et mesures, contrôlés par l'autorité, l'unité du signe monétaire, les bourses du commerce, et d'autres institutions, parmi lesquelles on doit citer *les conditions pour les soies*, régularisent les transactions commerciales. Ne pourrait-on point donner de l'extension à l'idée qui a présidé à ce dernier établissement? Ne trouverait-on pas, dans une création analogue pour d'autres branches de commerce, un encouragement à la consommation, et de plus larges débouchés à l'extérieur? C'est ce que nous examinerons plus tard, en nous bornant aujourd'hui à rappeler que, dans les dernières années de son règne, Louis XVI supprima les règles anciennes pour plusieurs industries réglementées, et permit de présenter les produits *aux bureaux de visites*, qui constataient leur qualité.

Afin de s'éclairer sur les besoins de l'industrie, et de marcher d'un pas plus sûr vers des réformes utiles, le pouvoir s'entoure des représentans directs de la production et du négoce. Il puise les renseignemens nécessaires auprès des chambres de commerce, et des chambres consultatives des arts et manufactures; il forme les conseils supérieurs du commerce, des manufactures et de l'agriculture.

On a donc tort quand on dépeint l'industrie et le commerce comme désarmés, comme privés de tout droit de conseil et d'action. Les institutions actuelles peuvent demander une extension, une modification profitables; mais le germe de la véritable représentation des intérêts matériels est là, il ne s'agit que de le féconder. Une pareille représentation est la seule légitime; comme ce sont par les voix isolées des corporations qui se font entendre, on n'est plus exposé à tourner dans un cercle vicieux. Car ce ne sont pas les besoins fractionnés de telle branche de l'industrie qu'il importe de satisfaire, mais bien les besoins intégraux de la société.

La liberté du travail a engendré l'individualisme, le partage égal des successions morcèle les patrimoines, dissémine les capitaux; pour reconstruire de puissans instrumens de travail, sans recourir au régime vicieux des corporations, basées sur un système d'exclusion, il faut développer l'esprit d'association.

La réunion de plusieurs producteurs affecte des formes diverses, qui coexistent aujourd'hui, mais dont l'apparition successive reflète assez exactement le mouvement même de la production. Du régime de la famille, le travail est passé au régime des corporations, pour finir par ouvrir ses rangs à tous, sous la protection commune de l'état. L'association, également, s'est manifestée par un mode d'action de plus en plus général; aux sociétés en nom collectif sont venues se joindre les sociétés en commandite et les sociétés par actions. Nous les étudierons avec soin, car là se trouvent déposées les semences de l'organisation spontanée et régulière de l'industrie; là se rencontre un des moyens les plus puissans pour cicatriser la plaie du prolétariat. Nul autre objet ne mérite plus de sollicitude; l'association, c'est la porte ouverte pour l'action directe des petits capitaux, affranchis de la tutelle onéreuse d'intermédiaires intéressés.

L'abolition des maîtrises et jurandes date du célèbre décret du 4 août 1789; elle fut confirmée par la loi du 17 mars 1791; celle-ci pose en principe que chacun peut, en prenant *patente*, exercer tout genre d'industrie, sauf les exceptions et les limitations fondées sur l'intérêt et la sûreté publique. Toutes les professions furent donc accessibles à tout le monde. Le travail, considéré comme une propriété, et non comme une concession du droit royal, fut seulement astreint à payer l'impôt comme les autres propriétés.

Le *travail libre* peut s'exercer sur le monde extérieur; mais il rencontre soit des *monopoles* naturels, dérivant du droit sacré de la propriété; soit des monopoles artificiels, créés au profit de l'état ou au profit des individus.

Les monopoles que l'état se réserve sont le plus souvent des impôts déguisés. Nous ne partageons pas la sainte horreur qu'ils inspirent à certains économistes, pourvu toutefois que le privilége atteigne le superflu, ou bien qu'un grand motif de sécurité et d'intérêt publics le légitime. Sous ce dernier rapport, *la poste*, cette voie de communication de la pensée, appartient naturellement au gouvernement; il faut espérer qu'il saura employer cet instrument comme un auxiliaire puissant pour la solution de bien des questions économiques. Par l'abaissement du port des lettres et par une meilleure organisation du service des articles d'argent, on peut arriver à produire des merveilles, égales peut-être à celles de la vapeur. Celle-là rapproche les distances, ceux-ci rapprocheront les idées et les besoins.

Quant aux monopoles *artificiels*, créés en faveur des individus, la loi doit en être avare ; il faut qu'un intérêt évident les justifie. Tel est le cas des droits attribuées aux auteurs sur les produits de leur intelligence, des brevets d'invention, des dessins et marques de fabrique.

Un économiste célèbre, M. de Sismondi, s'est récemment élevé contre les encouragemens donnés aux découvertes de la science; il accuse les machines de tous les maux des travailleurs, il incline à proscrire, autant que possible, l'usage de ces modes perfectionnés de fabrication.

Raisonner ainsi, c'est commettre une véritable pétition de principe. Les machines affranchissent l'homme du travail de la brute ; elles font appel à l'impulsion intelligente qu'il lui appartient de donner à la création des produits ; les machines sont donc un bienfait véritable, un instrument puissant de l'émancipation humaine. Il ne suffit pas de s'apitoyer sur les souffrances temporaires de l'époque de transition qui sépare l'introduction des machines des résultats bienfaisans qu'elles ne manquent jamais de produire au bout d'un certain laps de temps ; on oublierait trop ainsi les souffrances permanentes des instrumens intelligens condamnés au travail de véritables bêtes de somme, travail cruel et dégradant dont les inventions de la science effacent de plus en plus la trace.

Le phénomène auquel nous assistons devrait cependant convaincre les plus incrédules. La population a notablement augmenté depuis vingt ans ; les machines sont également venues ajouter à la force des travailleurs une force d'action énorme, et néanmoins le triste spectacle d'hommes auxquels l'occupation manque, n'est pas devenu plus fréquent. Les souffrances des classes laborieuses ont diminué; elles diminueront bien plus encore sous l'empire de bonnes lois, de la moralité, de l'épargne, de la prévoyance, de l'esprit d'association, et l'un des plus puissans leviers de cette grande révolution économique, ce sont les machines. Les dangers, les douleurs de la transition peuvent être amorties, sinon totalement écartées par la sage impulsion de l'autorité; dans ces cas exceptionnels, elle doit, s'il est nécessaire, faire intervenir l'action de tous, au profit de membres actifs de la grande famille nationale. Mais les heureux résultats des nouvelles découvertes ne cesseront jamais de se faire sentir.

Chaque création de valeur est due à la victoire de la force intelligente de l'homme sur les forces brutes de la nature; l'homme ne crée rien, il transforme les rapports existans entre les diverses molécules du monde matériel, en leur imprimant un certain mouvement. Le capital, c'est-à-dire le produit accumulé et destiné à une reproduction nouvelle, est d'abord venu aider le travailleur dans sa tâche pénible; des outils, des machines, ont épargné une inutile dépense de force. Plus ces outils, ces machines se perfectionneront, et plus la production sera rendue facile et abondante. Si ce bien irrécusable devait cependant être rejeté comme un danger on en serait réduit à soupçonner un vice dans l'organisme social. Heureusement, ce vice n'existe pas en France; dans notre constitution profondément démocratique, l'égalité civile n'est pas un vain mot; elle pénètre, de plus en plus, les dispositions législatives, elle amène par la marche régulière des choses, une distribution de la richesse, plus satisfaisante. Conception vraiment noble et philosophique, que celle qui ne bâtit point le bien des uns sur le mal des autres, qui ne tend point à un nivellement absurde et impossible, mais travaille à élever les classes inférieures de la société, sans abaisser les classes supérieures !

Dans cette œuvre immense, le plus puissant auxiliaire du législateur, c'est le développement de l'intelligence. Favorisons donc ce développement, en assurant aux auteurs de productions de l'art ou de l'industrie, la légitime récompense de leur talent. Favorisons ce développement dans les masses, car les ouvriers intelligens et habiles pourront bien plus facilement se plier aux nécessités d'un changement d'occupation, et soutenir la concurrence de l'étranger.

Le travail est libre, l'entrée de toutes les professions est ouverte à tous les citoyens ; néanmoins, cette règle fondamentale est et doit être soumise à certaines exceptions. Il se rencontre des industries qui demandent une garantie spéciale de moralité et de capacité, ce sont celles dont les produits ne tombent pas sous l'appréciation commune du public, celles où le défaut de connaissances acquises, ou d'honneur, pourrait entraîner des conséquences désastreuses et irréparables.

Certaines des professions appelées ainsi à former classe à part, admettent indistinctement tous ceux qui font preuve de la capacité requise, et satisfont aux conditions générales, imposées à l'exercice de chaque état en particulier; tels sont les avocats, les médecins. D'autres sont limitées dans le nombre des *titulaires* de véritables *offices*, qui se transmettent, jusqu'ici du moins, comme une propriété. Les agens de change, les courtiers de commerce, les notaires, les avoués sont dans ce cas. L'approvisionnement des grandes villes a fait également soumettre à des règles restrictives l'état de boucher et de boulanger. Nous aurons occasion d'examiner jusqu'à quel point et dans quelle mesure, ces dérogations à la loi commune peuvent se justifier. Les développemens auxquels nous venons de nous livrer, nous obligent à nous restreindre ; nous ne pouvons que signaler rapidement les autres matières de notre cours.

Dans certaines industries où la sûreté publique et l'intérêt général se trouvent fortement engagés, l'État intervient pour prévenir des accidens funestes, pour empêcher que l'individu n'usurpe sur les avantages dévolus à la société, pour assurer l'exploitation convenable des richesses naturelles.

De là viennent les lois sur les ateliers insalubres et incommodes, les usines, la garantie des matières d'or et d'argent, les théâtres, l'imprimerie, les préparations pharmaceutiques, les concessions de mines et les travaux publics. Cette dernière branche du droit a conquis une immense importance ; les voies nouvelles de communication sont destinées à changer la face du monde, et ce vaste problème est autant, et plus peut-être, un problème de législation qu'une question d'art.

Le droit de battre monnaie est un droit national ; il donne naissance aux restrictions imposées à l'émission des billets de banque, qui font office de monnaie.

De fausses idées économiques ont fait adopter la loi *relative à l'intérêt de l'argent.*

Les relations commerciales ont besoin d'une sanction prompte, efficace ; on a cherché à la créer au moyen de la *contrainte par corps.*

Dans certaines industries les exigences fiscales et la protection accordée à la production intérieure, ont introduit un ordre spécial d'obligations. Telles sont les lois relatives à la fabrication, à la circulation et au débit des boissons, et les lois de douane.

Le législateur institue des *monts-de-piété* pour mettre les classes laborieuses à l'abri d'une gêne passagère, il s'applique à susciter l'esprit d'ordre et de prévoyance, au moyen de caisses d'épargnes, qui préparent des ressources pour l'avenir, et réforment des capitaux.

Enfin le puissant levier *des assurances*, cette heureuse application du principe d'association et de mutualité, contribue puissamment au maintien et à l'accroissement du capital national. Les assurances préviennent les brusques reviremens de fortune, en reportant sur le grand nombre les pertes encourues par quelques uns, pertes qui deviennent alors peu sensibles. Elles créent des ressources pour la vieillesse, préparent l'établissement de jeunes ménages, mettent à l'abri du besoin les veuves et les orphelins, maintiennent et augmentent la fortune publique, en réveillant les sentimens d'affection et de prévoyance, trop souvent assoupis dans le cœur de l'homme.

Nous venons de parcourir le vaste champ de la *législation industrielle*, nous venons d'indiquer les diverses portions de cet édifice dont l'*association active*, la réunion des forces individuelles pour l'œuvre de la production, forme en quelque sorte la base et l'*association passive*, réparatrice, les assurances, aspirent à former le couronnement. Les sujets d'étude sont nombreux et féconds. Organisation du travail, juridiction de prud'hommes, action du gouvernement sur l'industrie, sociétés, patentes, propriété littéraire, brevets d'invention, offices, ateliers insalubres et incommodes, mines, travaux publics, douanes, banques, usure, contrainte par corps, caisses d'épargnes et assurances, telles sont les principales matières du cours que nous sommes appelé à professer devant vous. Ces matières sont neuves, délicates, souvent difficiles ; nous avons besoin pour les traiter de votre bienveillante attention, et nous espérons qu'elle ne nous manquera pas.

On trouve également au Bureau de la *Revue de législation et de jurisprudence* les ouvrages suivans :

*Des Sociétés par actions*, par M. Wolowski, avocat à la Cour royale de Paris, professeur au Conservatoire des arts et métiers. 1 vol. in-8. Prix. . . . . . . . . . . . . . . . 2 fr. 50

*De la mobilisation du crédit foncier*, par le même, brochure in-8. . . . . . . . . . . . . . . . . . . . . . . . . . . 1 fr.

*Revue de législation et de jurisprudence*, publiée sous la direction du même. — Collection des dix premiers volumes, octobre 1834—décembre 1839. . . . . . . . . . . 75 fr.

Abonnement annuel, de janvier — décembre 1840, 18 fr. pour Paris, 20 fr. pour la province.